# 죽음

죽음이란 식물이나 동물이나 사람이
먹고, 소화하고, 똥과 오줌을 눌 수 없게 된 상태를 말합니다.
또 움직일 수도 없고, 자식을 낳을 수도 없고,
어떤 감정도 느낄 수 없는 상태이지요.
그래서 죽음이란 생명체가
살아 있지 않다는 뜻이랍니다.

### 지은이 페르닐라 스탈펠트

1962년 스웨덴의 외레브로에서 태어났어요. 대학에서 문화학과 예술학을 공부한 뒤에 박물관에서 어린이들에게 현대미술을 가르치는 일을 했습니다. 1997년부터 그림책 작가로 활동하면서 《죽으면 어떻게 돼요?》, 《세상으로 나온 똥》, 《두둘겨 패줄 거야!》 등 많은 그림책을 쓰고 그려서 엘사 베스코브 상 등의 어린이문학상을 받았어요. 2004년에는 동화책 《삐삐 롱스타킹》을 쓴 작가, 아스트리드 린드그렌을 추모하는 아동문학상인 아스트리드 린드그렌 상을 받았습니다.

### 옮긴이 이미옥

경북대학교 독어교육과를 졸업하고 독일 괴팅겐대학교와 경북대에서 독문학 석·박사 학위를 받았습니다.
지금은 〈초코북스〉라는 저작권 에이전시를 운영하며 번역가로 활동합니다.
옮긴 책으로 《세상의 모든 시간》《7은 많을까요?》《괜찮아, 보이는 게 전부는 아니야》《피카소는 어떤 화가일까?》《미로는 어떤 화가일까》《나는 나야, 그렇지?》등 60여 권이 있습니다.

처음 철학 그림책
···
죽음

죽으면  돼요?

페르닐라 스탈펠트 글 그림 | 이미옥 옮김

시금치

살다 보면 가끔 죽음을 생각할 때가 있어요.

그럴 때면 죽음은 무척 신비롭지요.

죽음은 알기 어려운 거예요. 조그만 꼬마들뿐만 아니라 다 큰 어른들도 그렇답니다.

코끼리처럼 큰 동물도 죽음은 알기 어려워요.

그렇지만 우리는 아주 조금은 알고 있어요.

살아 있는 식물과 동물 그리고 사람들은 언젠가 반드시 죽는다는 것을요.

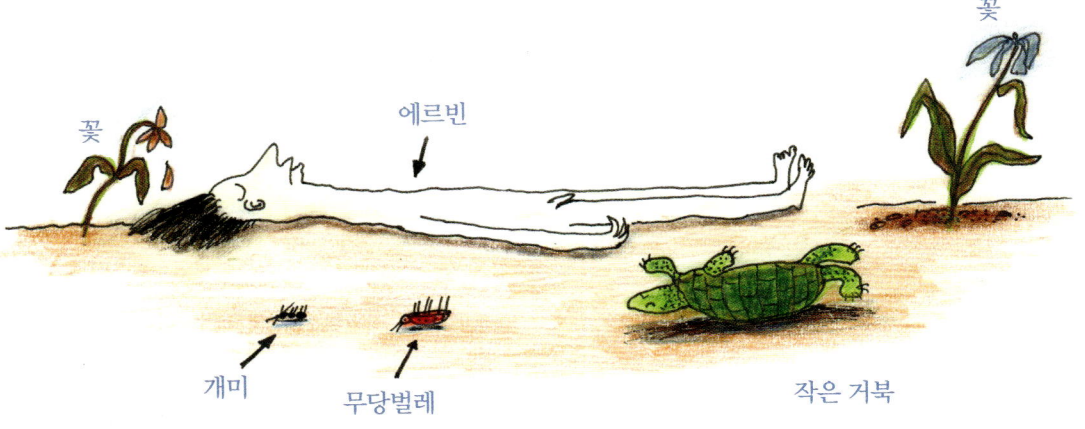

새로 태어나고 자라는 것들이 지구에 자리를 잡으려면 그래야겠지요.

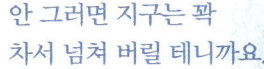

안 그러면 지구는 꽉 차서 넘쳐 버릴 테니까요.

꽃이 죽으면 색이 바래고 말라서 꽃잎이 떨어져요.

죽은 사람들은 핏기가 없어 희고, 잠든 사람보다 조금 더 노랗게 보이고요.

물고기는 눈을 감을 수 없어요.
죽었을 때도 살아 있는 것처럼 보이지요.

누구나 늙으면 죽게 된답니다…….

우리는 이제 돌아다니지도 못하고 휠체어로 움직이는 것조차 힘이 들면,

웃는 것도 싫고, 듣는 것도 보는 것도 싫으면,

너무 피곤해서 모든 것이 지루하고 귀찮으면,

정말로 죽고 싶어질 거예요. 그러면 쉴 수 있으니까요.

갓 태어난 아기나 동물의 새끼들은 웃으며 놀아요.
모든 것이 새롭고 그걸 발견하는 건 즐거운 일이거든요.

특이하게 어릴 때 죽을 수도 있어요. 아주 가끔 생기는 일이에요.
큰 병에 걸려서 죽을 수도 있고요.

교통사고 같은 사고를 당해 죽을 수도 있답니다.

구급차가 와서 도와줘요.

아기가 죽은 채로 태어나기도 해요.

고양이 새끼나 다른 새끼들도 그럴 수 있고요.

예쁜 담요

새로 태어난 고양이

엄마 배 속에서만 살다 간 아기들이에요.

죽음은 갑자기 올 수도 있어요.
오늘은 할아버지가 살아 계셨는데,
내일이면 할아버지가 안 계실 수도 있어요.
그러면 우리는 허전하고 슬퍼지지요.

사람이 죽으면 어디로 가는지 궁금하지요?
그건 아무도 모른답니다.
죽은 사람들만 알겠지요.

헬로,
거기 누구 있어요?

우리가 죽으면 영혼은 신에게 간다고 믿는 사람들이 많아요.

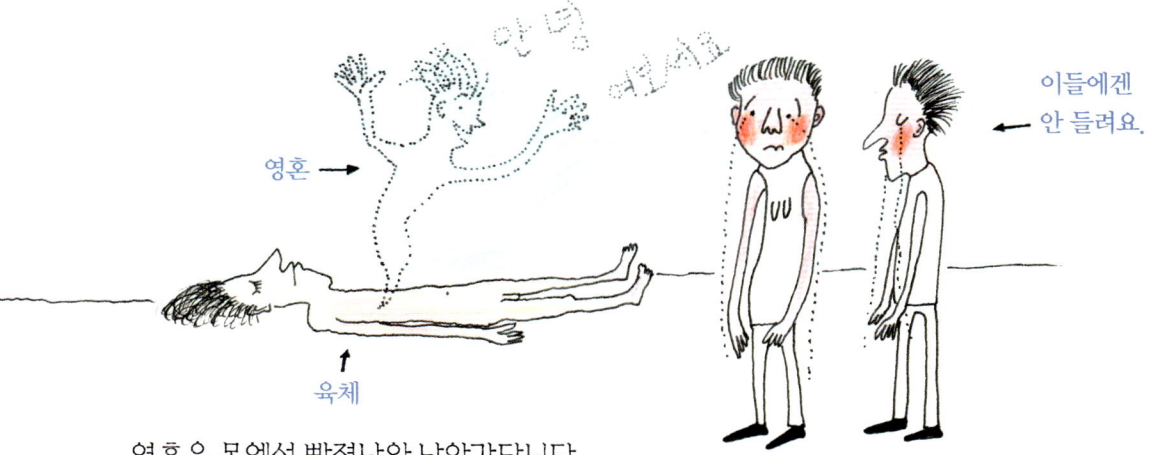

영혼은 몸에서 빠져나와 날아간답니다.

보이진 않지만 영혼은 쉽게 하늘로 날아갈 수 있어요.

우주 밖 어딘가로.

거기에서 신이
죽은 사람들을
기다리고 있다는
거예요.

신은 이렇게 생겼을지 몰라요.

아니면 수염이 있을 수도……

하늘나라에 가서 날개 달린 천사가 될 수도 있어요.

남자 천사　　여자 천사　　코끼리 천사

파리 천사　　표범 천사

신을 믿지 않는 사람들도 많아요.
이런 사람들은 죽은 다음에는 아무것도 없고
그저 캄캄하다고 생각해요.

하지만 또 많은 사람들은 캄캄한 건 너무 끔찍하고 슬프기 때문에,
파랗거나,

꽃무늬처럼 알록달록하거나

노랗다고
상상하기를 더 좋아해요.

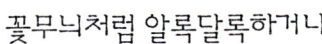

죽은 뒤에 하늘에 올라가서 별이 된다고
믿는 사람들도 있어요.

친구들과 함께 있는 별들

사슴이 될 수도 있고요…….

하늘나라에서 사슴이
신을 만납니다.

하지만 소시지가 된다면
어떻게 될까요?

아유, 싫어!!

사람이 죽으면 해골이 돼요.

유령처럼 불쑥 튀어나올 수도 있어요.

안녕, 풋내기!

아무 말도 하지 않는, 평범한 해골이 될 수도 있어요.

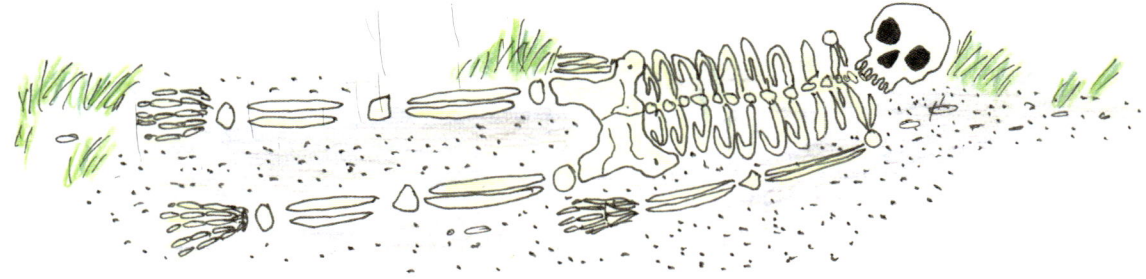

어쩌면 뱀파이어가 될 수도 있지요……

드라큘라처럼요.

한번은 드라큘라가 어떤 여자를 깨물어서 피를 모두 빨아먹으려고 했는데, 그때 모기 천 마리가 한꺼번에 달려들어서 드라큘라의 피를 다 먹어 버렸답니다!

호호
히히
호호
하하

뱀파이어들은 특별한 이빨을 가지고 있어요.

바로 이런 모습이었어요!

또 누군가는 죽어서 무시무시한 귀신이 되기도 해요.

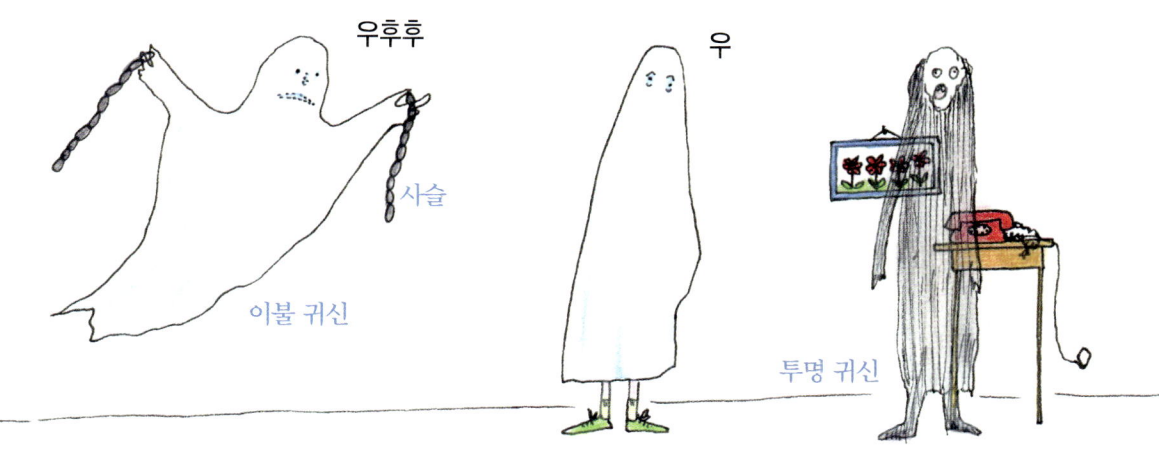

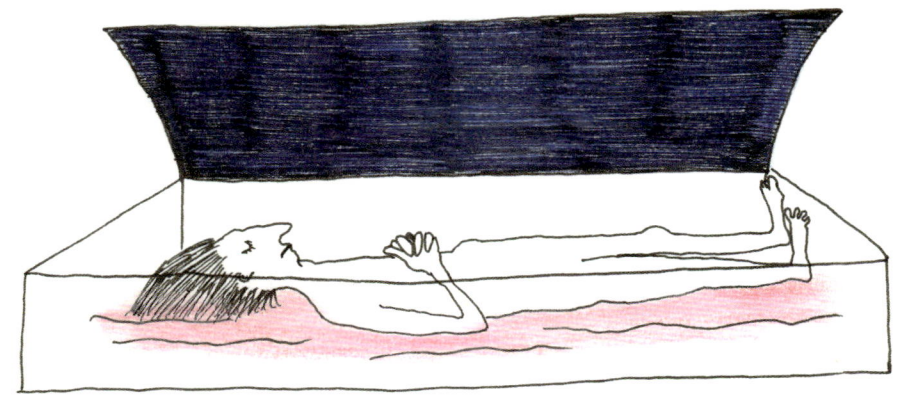

사람이 죽으면 뚜껑이 달려 있는 관에 뉘어요.

관은 가장 앞에 놓입니다. 화환과 꽃과 촛불로 보기 좋게 장식을 하지요.

깃발을 꽂아 둘 때도 있어요.

죽은 사람을 잘 아는 이웃이나 친구들이 꽃과 화환을 보내 줍니다.

죽은 사람을 좋아했다는 마음을 알리고 싶기 때문이에요.

모든 준비가 끝나면, 손님들은 죽은 사람과 마지막 인사를 나누어요.

앞으로 다시는 볼 수 없을 테니까요.

(하늘나라에 가면 볼 수 있겠지요.)

이렇게 하는 것을 장례식이라고 해요.

옛날에는 장례식에 갈 때
검은 옷만 입었어요.

요즘은
입고 싶은 색깔 옷을 입어요.

조기를 내건 모습

장례식에서는 음악도 흐르고, 사람들이 아름다운 노래를 부르기도 하고,
신부님(목사님이나 스님)의 말씀을 듣기도 해요.

모두가 슬퍼해요. 펑펑 우는 사람들도 있고요,

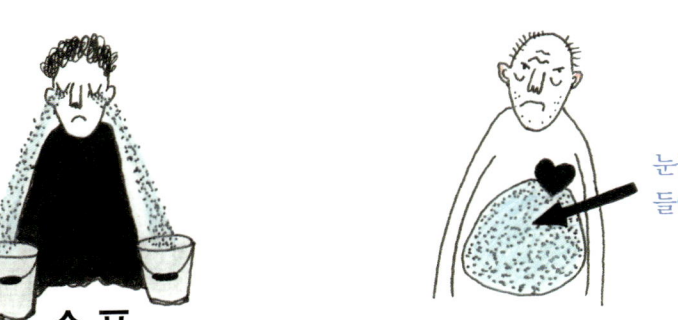

가만히 있으면서 속으로만 우는 사람들도 있어요.

장례식이 끝나면 음식과 차를 나눠 먹어요.

그리고 관을 땅에 묻어요. 관을 땅에 묻으려면 삽으로 아주 커다랗고 기다란 구멍을 파야 하지요.

어떤 사람들은 화장을 해 달라고 해요. 그러면 관을 아주 큰 화로에 넣어요. 관과 사람을 모두 태우면 재만 남아요.

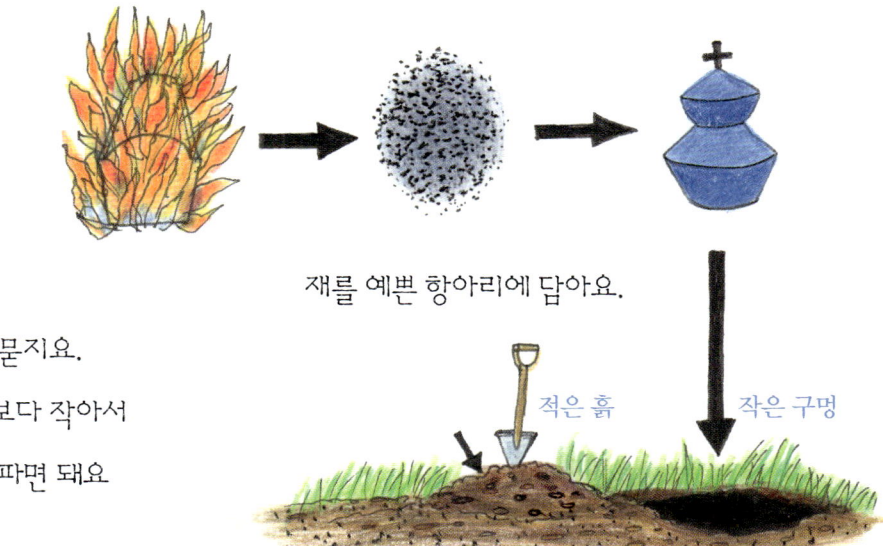

그리고 땅에 묻지요.
항아리는 관보다 작아서
작은 구멍만 파면 돼요.

관이나 항아리를 땅에 묻고 나서, 그 위에 꽃이나 나무를 심기도 해요.
그렇게 무덤이 생겨요.

사람들은 무덤에 비석이나 십자가를 세우기도 하지요.

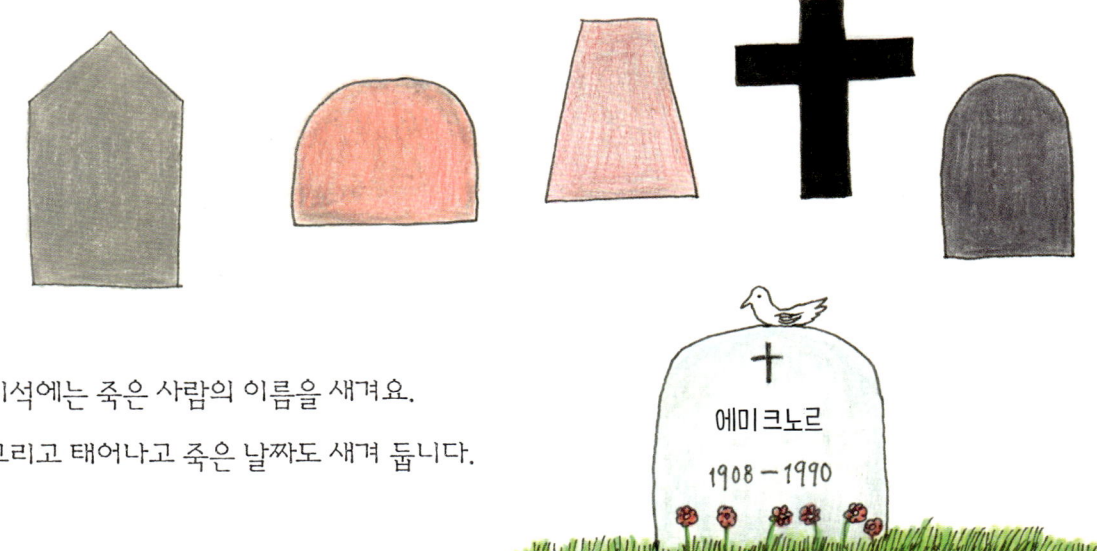

비석에는 죽은 사람의 이름을 새겨요.
그리고 태어나고 죽은 날짜도 새겨 둡니다.

죽은 사람이 생각날 때 무덤에 갈 수 있다는 건
참 좋은 일이에요. 이곳에서 우리는 비석에 새겨진 이름을 읽을 수도 있고,
꽃에 물을 주기도 하고, 죽은 사람에게 말을 걸기도 해요.
무덤은 만남의 장소예요.

국립묘지 같은 곳에 묻힐 수도 있답니다.

무덤을 갈 수 없는 사람은
집 안에서 촛불을 켜 놓고 죽은 사람을
생각할 수도 있어요.

초가 없는 사람은
불꽃을 피울 수도 있고요.

죽은 사람의 모자를 쓰고
그분을 생각해도 돼요.

죽은 사람이 좋아하던 아이스크림을 먹으면서
그분을 생각하는 것도 좋아요.

죽은 사람의 사진과 예쁜 물건들로
작은 제단을 차려
그분을 기억할 수도 있어요.

옛날 사람들은 바다에서 장례를 치르기도 했어요.

배를 바다에 띄워 놓고 불을 붙였어요. 그러면 바다가 무덤이 되지요.

돌로만 만든 무덤도 있었어요.

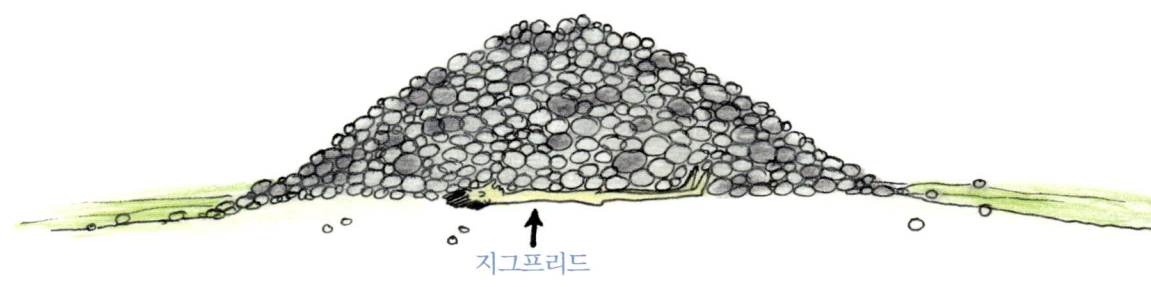

지그프리드

옛날에는 죽은 사람이 아끼던 물건들을 함께 묻기도 했어요.

아내와 말, 노예들까지 같이 묻기도 했어요.

죽은 사람이 저세상에 가서도 가난하지 않고 외롭지 않게 지내기를 바란 거지요. 그래서 중요한 것들도 같이 묻었어요.

중요한 물건

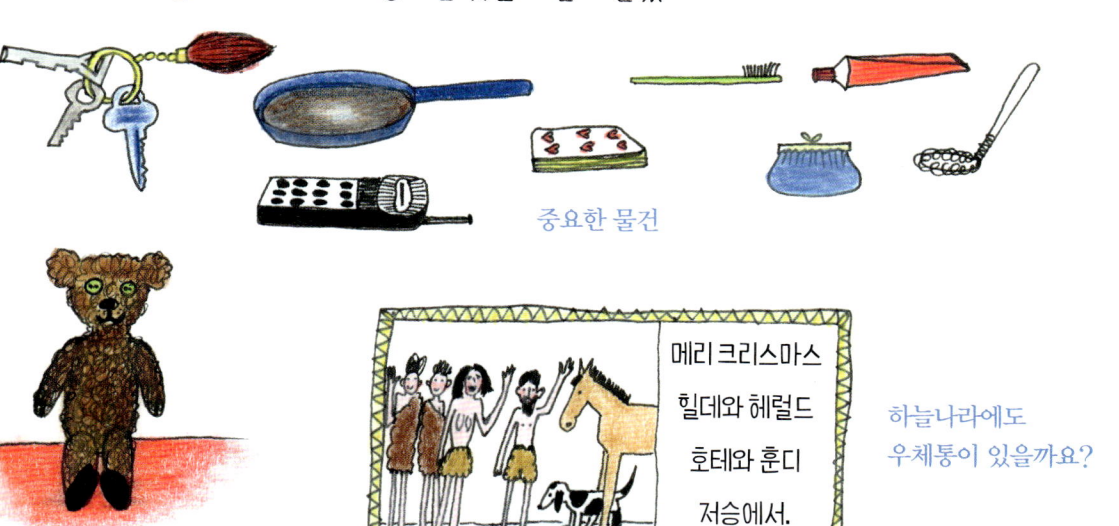

메리 크리스마스
힐데와 헤럴드
호테와 훈디
저승에서.

하늘나라에도 우체통이 있을까요?

요즘은 무덤에 그런 걸 넣지 않아요.
대신 죽기 전에 유언장을 쓴답니다.
유언장이란 자기가 죽고 나면 남아 있는 돈과 물건을
누구에게 줄지를 쓴 편지예요.

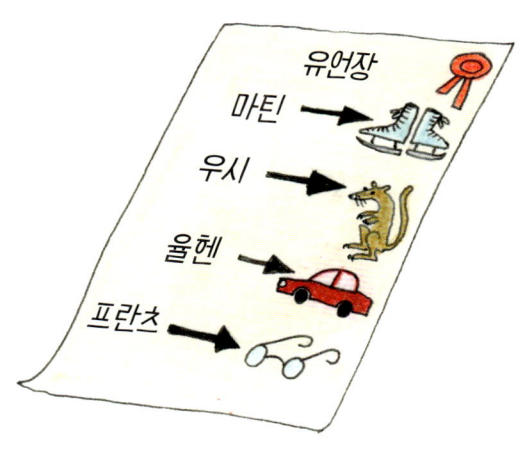

그렇게 하면 남은 사람들이 싸우지 않게 되어서 좋아요.

리사와 리안은 막스를 서로 갖겠다고 싸우고 있어요.

멕시코 사람들은 특별한 날에 무덤에 갑니다.

그곳에서 소풍을 즐겨요. 이날은 죽은 사람이 돌아와서,

같이 커피도 마시고, 맛있는 음식도 먹고, 살아 있을 때 좋아했던 음악도 듣는다고 믿어요. 그래서 살아 있는 사람이 해골처럼 꾸미고, 요리를 하고 노래를 부르며 폭죽도 터뜨려요.

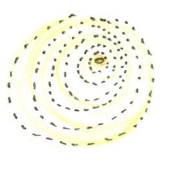

설탕이나 초콜릿으로 만든 해골로 산소를 꾸미고 꽃과 과일도 놓아두어요.

 설탕

 초콜릿

누군가 죽었다는 소식을 전하는 말은 여러 가지가 있어요.

예를 들면

"마리아 선생님이 어제 하늘나라로 떠나셨어."

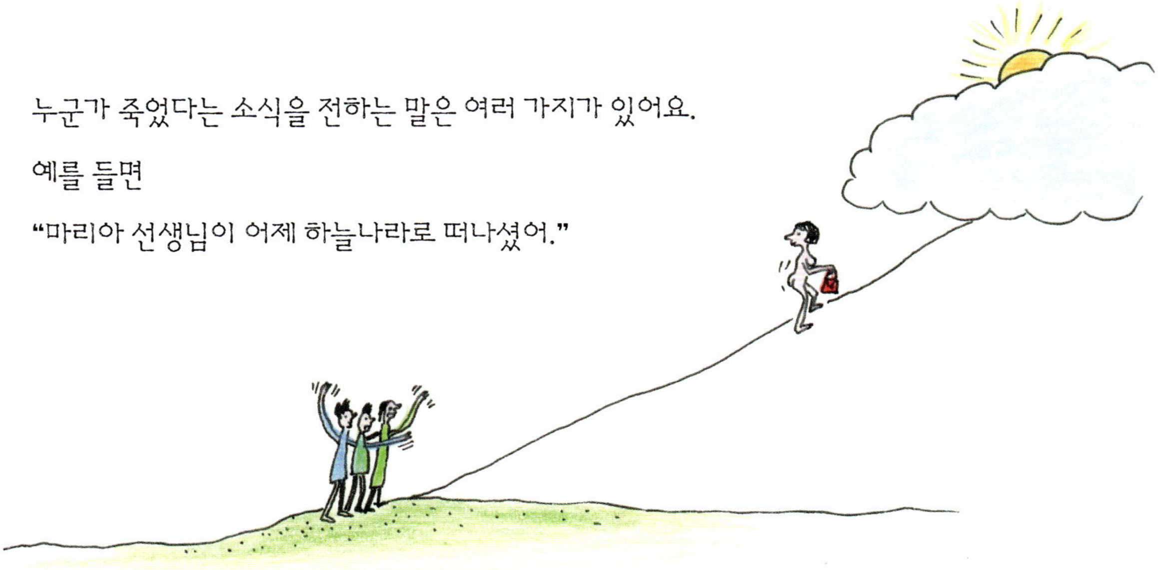

옛날 사람들은 이렇게 말했어요.

"오스카는 이제 나무로 된 예복을 입고 있어."

보통 입는 예복
(파티에 입고 가는 옷)

나무로 된
예복 (관)

사람들은 또 이렇게 말할지도 몰라요.

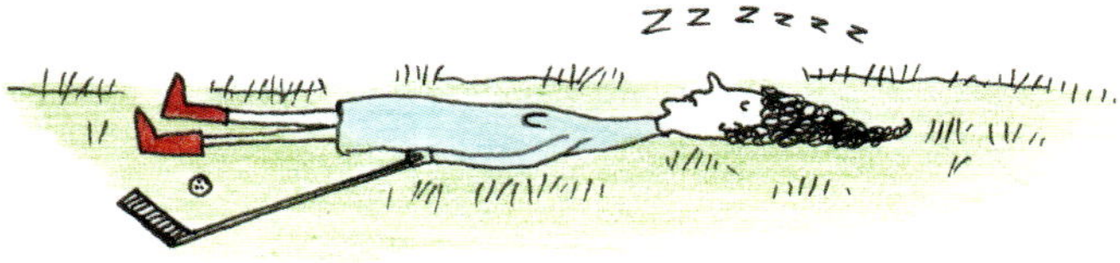

이제 로지는 영원히 잠든 건가 봐, 그렇지?

글쎄, 그건 모르지.

루이제는 죽은 사냥개를 이렇게 얘기해요.

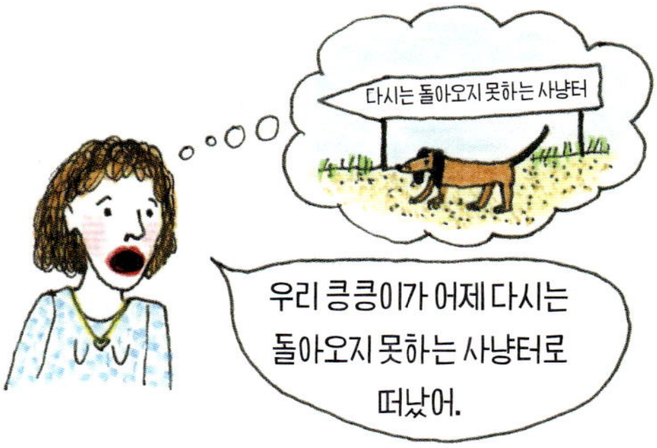

"리치가 흙으로 돌아갔다는 소식 들었어?"

다시는 돌아오지 못하는 사냥터

우리 킁킁이가 어제 다시는 돌아오지 못하는 사냥터로 떠났어.

## 하늘에서 들려오는 노래

나는 구름 위에 서서

큰 소리로 즐겁게 노래한다네.

파란 하늘나라에서는 해도 달도 별도 마음에 들어.


나는 자유롭고, 외롭지도 않아.

원하는 대로 떠다닐 수 있고,

고조할아버지와 강아지 빌과 함께 있거든.

처음 철학 그림책 〈죽음〉 | 죽으면 어떻게 돼요?

초판 1쇄 발행 2014년 6월 5일 | 초판 4쇄 발행 2020년 9월 21일
지은이 페르닐라 스탈펠트 | 옮긴이 이미옥
펴낸이 송영민 | 디자인 달뜸창작실 | 교정 교열 박찬석, 신정숙
펴낸곳 시금치 | 주소 서울시 마포구 잔다리로7길 18, 502호 | 전화 02-725-9401 | 팩시밀리 02-725-9403
전자우편 7259401@naver.com | 홈페이지 www.greenpub.co.kr | 페이스북 www.facebook.com/spinagebook
출판등록: 2002년 8월 5일 제300-2002-164호
ISBN 978-89-92371-23-0 74100
     978-89-92371-22-3(세트)74100

DÖDENBOKEN by Pernilla Stalfelt
© 1999 Rabén & Sjögren, Sweden
Korean translation Copyright © 2014 by GREEN SPINACH PUBLISHING
All rights reserved.
The Korean language edition is published by arrangement with
Rabén & Sjögren Agency, Sweden through MOMO Agency, Seoul.

이 책의 한국어판 저작권은 모모 에이전시를 통해 Rabén & Sjögren Agency 사와의 독점 계약으로 도서출판 시금치에 있습니다.
저작권법에 의해 한국 내에서 보호를 받는 저작물이므로 무단전재와 무단복제를 금합니다.
「이 도서의 국립중앙도서관 출판시도서목록(CIP)은 서지정보유통지원시스템 홈페이지(http://seoji.nl.go.kr)와
국가자료공동목록시스템(http://www.nl.go.kr/kolisnet)에서 이용하실 수 있습니다. (CIP제어번호: CIP2014014781)」

어린이 제품 안전특별법에 의한 제품 표시 | 제품명 죽으면 어떻게 돼요? | 제조국명 대한민국 | 제조자명 도서출판 시금치
전화번호 02-725-9401 | 주소 서울시 마포구 잔다리로7길 18, 502호 | 제조연월일 2020년 9월 21일 | 사용연령 36개월 이상

값은 뒤표지에 있습니다.